Cristaloterapia

Una Guía para Principiantes sobre los Poderes Terapéuticos de los Cristales

Tabla de Contenidos

Introducción

Probablemente sepas que muchos entusiastas del mundo de los cristales, las rocas y las piedras los aprecian por sus propiedades curativas. Estos cristales tienen propósitos que van mucho más allá de simplemente verse y sentirse elegantes. No sólo se utilizan por razones estéticas, sino también para la salud y la curación.

Los cristales pueden emitir una energía tenue que permite sanar el cuerpo, la mente, las emociones y el espíritu. Teniendo esto en cuenta, puedes empezar a elegir cristales, rocas y piedras no sólo por su aspecto, sino también por sus beneficios sanadores.

Si quieres empezar a utilizar los cristales con fines terapéuticos, este libro te resultará realmente práctico. Este libro proporciona información actualizada sobre la curación con cristales, detallando una amplia variedad de cristales así como sus usos. Al terminar este libro, sabrá exactamente cómo utilizar una gran variedad de cristales para tratar áreas de su mente y cuerpo que requieren curación. ¡Comencemos!

Capítulo 1: ¿Qué es la Cristaloterapia y Cómo Surgió?

La cristaloterapia o curación con cristales es una forma de medicina alternativa que utiliza piedras semipreciosas y cristales, como el ópalo, la amatista y el cuarzo, reconocidos por sus poderes terapéuticos. Muchos de los que practican esta forma alternativa de medicina creen que es capaz de proporcionar varios beneficios, como aumentar la energía, evitar que la mala energía entre en ti, liberar bloqueos energéticos y transformar el aura de tu cuerpo. También pretende restablecer el equilibrio de tu cuerpo y tu mente.

Una de las razones por las que los cristales se utilizan con fines terapéuticos es que tienen patrones energéticos inmutables y estables. Además, cada uno de ellos tiene un campo energético (resonancia) y una frecuencia distintivos. Esto es lo que hace que los cristales funcionen como diapasones. Pueden ayudar a armonizar el inestable campo energético de tu cuerpo, contribuyendo al proceso de curación.

Historia de la Cristaloterapia

Los cristales, los minerales y las gemas existen en la Tierra desde hace mucho tiempo. Casi todas las civilizaciones antiguas se beneficiaron de ellos y los utilizaron para lograr el equilibrio emocional, espiritual y físico. Dicho esto, es seguro decir que la curación con cristales tiene una historia muy interesante y diversa.

La cristaloterapia o curación con cristales fue mencionada incluso por Platón cuando habló de la ciudad perdida de la Atlántida. Según él, los atlantes utilizaban una amplia gama de cristales para leer la mente de los demás y transmitir sus pensamientos. La primera referencia histórica del uso de cristales es la de los antiguos sumerios que los incorporaban a sus fórmulas mágicas.

Los antiguos egipcios también contribuyeron a la interesante historia de la curación con cristales. Utilizaban piedras y cristales, entre ellos la cornalina, el lapislázuli, el cuarzo transparente y la esmeralda, en la creación de sus piezas de joyería y amuletos, ya que creían que fomentaban la salud y la protección. Incluso utilizaban la crisolita (actualmente denominada peridoto y topacio) para purgar los malos espíritus y combatir los terrores nocturnos.

El uso de los cristales también se hizo popular en la antigua Grecia. Muchos de los nombres que se dan a los cristales en la actualidad proceden del lenguaje del griego antiguo. Cristal, por ejemplo, derivó de su homólogo griego, "krýstallos", que significa hielo. Los griegos, en esta época, creían firmemente que la forma original del cuarzo claro era el agua. Simplemente se congelaba en exceso hasta el punto de que ya no podía volver a su forma líquida, lo que significaba que permanecería sólido para siempre.

También llevaban amuletos con amatista, ya que creían que esta piedra podía ayudar a prevenir las resacas y la embriaguez. ¿La razón? La amatista tiene una contraparte en el idioma griego, que significa "no borracho". Otro ejemplo es la hematita, que también procede de una palabra griega que significa sangre, ya que tiende a producir una coloración roja cuando se oxida.

Muchos soldados griegos tenían incluso la costumbre de frotarse el cuerpo con hematita molida antes de sus batallas, ya que creían firmemente que podía ayudarles a ser invencibles. Los romanos también llevaban talismanes y amuletos con cristales cada vez que necesitaban protección en las batallas. Tenían una gran fe en la capacidad que tenían los cristales para mejorar su salud y atraer cosas positivas y buenas.

La antigua China también contribuyó a la popularidad de los cristales. Los antiguos chinos preferían el jade como piedra curativa, ya que creían firmemente en su capacidad para curar los problemas renales. También se decía que el color del jade generaba suerte y fortuna.

La Cristaloterapia Durante la Edad Media

La popularidad de los cristales como medio de curación continuó hasta la Edad Media. De hecho, estos cristales desempeñaron un papel importante en el cristianismo. Los cristianos incluso veían el lapislázuli, particularmente, como un símbolo de la pureza de la Virgen María. Incluso se pueden ver representaciones de ella llevando un anillo de zafiro a partir del siglo XII.

En el Renacimiento (siglos X-XI), se utilizaban piedras curativas como remedios naturales para los enfermos. El obispo de Rennes, Francia Marbode, llegó a documentar observaciones sobre el poder de las piedras preciosas para curar. Puede ver estas documentaciones en Lapidary, que se publicó en 1539.

Otra parte importante de la historia de los cristales y las piedras preciosas es cuando fueron utilizados por los habitantes nativos de Australia, conocidos como los aborígenes. Los más utilizados eran los cristales de cuarzo. Los aborígenes los utilizaban como medio de conexión con los espíritus.

La Cristaloterapia Hoy en Día

Los cristales y las piedras preciosas no sólo eran populares en la antigüedad. También se pueden utilizar hoy en día. Su popularidad se recuperó en los años 80, cuando comenzó el movimiento de la Nueva Era. Aunque la sanación con cristales era una forma común y corriente para la terapia, no se discutía abiertamente durante ese período.

A pesar de eso, la curación con cristales de la nueva era seguía teniendo vínculos con tres culturas populares: la de los nativos americanos, la de los indios y la de los británicos. La cultura británica se enorgullecía de su historia pagana que inspiró a muchas personas a practicar la brujería moderna. Por otro lado, los indios aprovecharon el poder de los cristales y los incorporaron a un enfoque curativo total. Los indios incluso incluyeron este enfoque curativo en los textos sagrados de su cultura.

En cuanto al mundo occidental, la curación con cristales de la nueva era guarda una fuerte relación con la cultura británica, especialmente con el paganismo. Se ha producido un resurgimiento de versiones simplificadas de varias prácticas y rituales antiguos. Esto ha hecho que la sanación con cristales sea más accesible a la sociedad occidental, y que muchas personas encuentren atractivos los antiguos rituales.

En la astrología occidental, se pueden ver cristales utilizados y vinculados al paganismo moderno. La mayoría de sus practicantes creen que determinadas piedras están alineadas con determinados planetas y comparten sus propiedades. Ahora incluso es posible utilizar las cartas astrológicas junto con ciertas piedras que se adaptan perfectamente a los signos de los astros.

Los cristales y las piedras preciosas están siendo reconocidos por sus contribuciones a la curación natural y alternativa. En los países y lugares donde se habla inglés, la cristaloterapia tiene una fuerte asociación con el movimiento espiritual de la Nueva Era. La mayoría de los que participan en la curación con cristales la perciben como una práctica individualizada, que depende en gran medida de la expresión creativa y la personalización extrema. Los practicantes de la cristaloterapia también dan a entender que los cristales y las piedras tienen propiedades físicas específicas, como marcas, formas y colores, que ayudan a identificar las dolencias que pueden curar específicamente.

La mayoría de los practicantes eligen los cristales o las piedras para la curación basándose en sus colores y sus cualidades metafísicas percibidas. A menudo colocan las piedras elegidas en determinadas partes del cuerpo, y la colocación y la selección de colores se realizan basándose en conceptos relacionados con los chakras, las redes de energía y la conexión a tierra.

La cristaloterapia también suele aparecer en piezas de joyería. Incluso muchas personas los utilizan junto con la atención plena, el yoga y la meditación. Ya no es sorprendente ver que la cristaloterapia es utilizada por diferentes personas de diversas clases sociales, ¡y cada vez son más las personas que recurren a esta forma de sanación!

Capítulo 2: ¿Por Qué Usar los Cristales para Curar?

Todas las cosas que rodean al ser humano emiten una forma de energía, y una forma de conectar con esas energías, comprenderlas y curarse de ellas es utilizar cristales. Muchos creen que los cristales tienen conexiones tangibles con la energía y los elementos naturales de la Tierra.

Las piedras preciosas y los cristales ya son puros y agradables desde el punto de vista estético, pero cabe esperar que su verdadera belleza se derive de sus propiedades de limpieza y curación. Estas propiedades son las que puedes aprovechar para sacar provecho de la curación alternativa.

Lo bueno de los cristales es que, además de sus propiedades beneficiosas, son accesibles para todo el mundo. Los cristales proporcionan una variedad de beneficios de forma segura, sin causar efectos secundarios ni robar ninguna energía.

Además de curar dolencias específicas, los cristales también ayudan a revitalizar el cuerpo. Lo hacen liberando cualquier bloqueo energético en el cuerpo. Los cristales no sólo sirven para la curación física. Pueden utilizarse para mejorar la salud emocional, mental y psicosomática. A continuación se enumeran algunos de los increíbles beneficios que puedes experimentar con el uso de los cristales:

- **Aceleran la Recuperación** - Puedes esperar que los cristales te ayuden si quieres recuperarte rápidamente de una enfermedad, lesión o cualquier interrupción en el flujo energético de tu cuerpo. A través de la sanación con cristales, puede aumentar su calma emocional y su confianza, lo que le permitirá sanar sus problemas físicos, mentales, espirituales y emocionales.

- **Fortalecen la Inmunidad** - Los cristales también ayudan a fortalecer y aumentar la inmunidad. Además, pueden regular los latidos del corazón y el ritmo corporal. También pueden fortalecer tus músculos.

- **Ayudan a Aliviar el Estrés y la Ansiedad** - estar libre de estrés y ansiedad excesivos puede contribuir en gran medida a mejorar su salud en general.

- **Le Permite Beneficiarse de una Tranquilidad Duradera** - Usted se sentirá más relajado siempre que utilice cristales para curarse. Con eso, también es posible que dichos cristales promuevan la curación emocional.

- **Aumenta Tu Confianza** - A través de la cristaloterapia, puedes ganar más confianza en ti mismo, lo que te anima a expresarte sinceramente.

Aunque los cristales pueden utilizarse para curar dolencias físicas, podemos decir que la mayoría de los beneficios de la cristaloterapia se centran más en las áreas que afectan la salud mental. Entre ellas se encuentran los sentimientos de positividad, tranquilidad y concentración. Cada cristal es reconocido por sus propiedades únicas y especiales que están en consonancia con diversas áreas de su vida. El color, la forma y el tipo de cada cristal pueden influir mucho en los beneficios que proporciona.

La Cristaloterapia como Medicina Vibracional

Muchos consideran que la cristaloterapia es un tipo de medicina vibracional porque utiliza frecuencias vibracionales cuando se trata de restaurar o mantener su salud y bienestar. Tenga en cuenta que cada área de su mente, cuerpo y espíritu tiene una frecuencia de energía. Esta frecuencia energética puede ser saludable o no saludable.

Usted necesita mantener estas frecuencias en perfecta armonía si quiere lograr el equilibrio y mejorar su salud física, mental y emocional. El problema es que hay veces que experimentarás un desequilibrio en dichas energías. Dicho desequilibrio puede hacer que te enfermes, ya sea física, emocional o mentalmente.

Como modalidad de medicina vibracional, la cristaloterapia tiene como objetivo restablecer el equilibrio de sus frecuencias energéticas, lo que conduce a una mejora significativa de su salud. Esta forma de curación vibracional se produce cuando la frecuencia energética de la piedra o el cristal entra en contacto con tu propia frecuencia. Puede ser la frecuencia de una parte del cuerpo o de un órgano que crees que necesita curación.

Puede esperar que ambos campos energéticos interactúen, permitiendo que la frecuencia del cristal reequilibre la energía de su cuerpo. Por ejemplo, si sufres a menudo de dolor de cabeza, puedes poner la amatista sobre el punto específico donde experimentas el dolor. Esto permite que la energía del cristal fluya hacia la zona dolorida y desequilibrada.

El resultado es que se restablece la frecuencia correcta. Lo mejor de la curación con cristales es que puedes aplicarla a una gran variedad de aspectos de tu vida.

¿Cómo Funciona?

La cristaloterapia funciona específicamente en función de la composición general y la estructura de cada cristal. Como se ha mencionado anteriormente, los cristales emiten vibraciones a frecuencias fijas (en otras palabras, dichas vibraciones son inalterables). Esto hace que los cristales sean poderosos, ya que su contacto físico con las vibraciones más bajas puede aumentar tus propias vibraciones, así como las de los que te rodean.

Cada vez que un cristal se conecta con tu energía o cuerpo físicamente, puedes esperar que te sintonice con la frecuencia más alta que sólo conoce ese cristal. Con ello, espera ser capaz de ir más allá de tus bloqueos físicos, espirituales y mentales.

Capítulo 3: ¿Cómo Entender las Frecuencias de Color de los Cristales?

Antes de empezar a utilizar los cristales para realizar curaciones, debes recordar que existen miles de ellos. Es importante que primero aprendas más sobre los cristales terapéuticos que puedes usar y sus poderes individuales, para que puedas aprovecharlos al máximo.

Una forma de entender lo poderosos que son los cristales es comprender sus características de colores para cada uno de ellos. Ten en cuenta que cada cristal tiene una frecuencia de color, que también tiene un efecto psicológico sobre ti. Por ejemplo, el citrino. Este cristal transparente con un matiz amarillo funciona como un estimulante eficaz para muchos usuarios. Puede ayudar a fortalecer la mente y las emociones. Podría deberse al matiz amarillo del cristal, que es conocido por fomentar una disposición más soleada y positiva.

Para que entiendas mejor las frecuencias de color de los cristales, aquí tienes algunos de los más comunes y sus capacidades curativas asociadas:

Rosa

Los cristales que tienen incluso un toque de rosa pueden darte una sensación de calma, junto con un suave empujón de motivación. Un ejemplo sería el cuarzo rosa, que tiene un efecto tranquilizador y calmante. También puede ayudar a liberar emociones no deseadas y no expuestas que pueden estar obstaculizando tu crecimiento personal.

Rojo

Los cristales rojos tienen el beneficio de darte energía, activarte y estimularte. Los cristales con esta tonalidad suelen estar relacionados con tu capacidad para utilizar tus habilidades prácticas y físicas de supervivencia. Un gran ejemplo de cristal rojo es el rubí. Este cristal en concreto trabaja junto con tu chakra del corazón y ayuda a equilibrar su energía.

Amarillo

El amarillo es también otra frecuencia de color que es significativa para muchos cristales terapéuticos. Los cristales de color amarillo están fuertemente vinculados a las funciones de los sistemas inmunológico, digestivo y nervioso. Incluso se puede ver que la satisfacción, la felicidad, el miedo y el estrés están relacionados con este color.

Un gran ejemplo de un cristal que incorpora el amarillo es el ámbar. Es beneficioso no sólo para el sistema nervioso sino también para promover el proceso de auto-curación. Otro ejemplo es el cristal de cuarzo citrino, que puede aclarar tu mente y mejorar tu concentración.

Naranja

También hay cristales anaranjados que tienen cualidades de concentración y energía. Con estas cualidades, tus habilidades artísticas y creativas surgirán. Una piedra naranja muy popular es la cornalina, conocida por su calidez, que aumenta tu energía, motivación y entusiasmo. También puede ayudarte a tomar conciencia de tu autoestima.

Verde

Los cristales con un tono verde tienen una fuerte conexión con el corazón humano. Por ello, es de esperar que sus frecuencias se centren más en el equilibrio de las relaciones y las emociones, al tiempo que promueven la calma, el crecimiento personal y el espacio. Por ejemplo, la aventurina verde equilibra eficazmente el corazón reduciendo el estrés emocional. La malaquita tiende a sacar todos los sentimientos ocultos, incluidos el resentimiento y el dolor.

Azul Celeste

Otra frecuencia de color con la que tienes que familiarizarte en lo que respecta a los cristales terapéuticos es el azul celeste. Este color tiene un fuerte vínculo con tu garganta, por lo que también se centra en la comunicación. Prioriza el olfato, la vista, el gusto y la voz, básicamente todos tus sentidos. También engloba la comunicación interna, por ejemplo, tu auto-conversación, tu capacidad de expresión y tus pensamientos.

Índigo

Los cristales con esta tonalidad tienen una fuerte conexión con el tercer ojo. Dicho esto, no es de extrañar que mucha gente utilice los cristales índigo para mejorar su percepción, capacidad de comprensión e intuición. La paz y la tranquilidad también son relevantes para el índigo. Por ejemplo, la azurita favorece el recuerdo y la memoria. También puede liberar cualquier bloqueo antiguo y difícil en la forma de comunicarse con los demás. Además, puede revelar los obstáculos y bloqueos específicos que tienden a hacer que no alcances tu pleno potencial.

Violeta

Los cristales violetas tienen energías y frecuencias que tienden a aprovechar tu voluntad de servir a los demás. Esto significa que este color se centra más en la empatía, la inspiración y la imaginación. Esta frecuencia de color específica también pretende reequilibrar los extremos dentro de tus sistemas corporales. Un ejemplo sería la Amatista, conocida por sus beneficios y usos universales. Por un lado, puedes utilizarla para calmar tu mente durante la meditación. Además, este cristal también sirve para potenciar los poderes psíquicos y la intuición.

Blanco

También puedes encontrar cristales claros y/o blancos. Este color representa la capacidad de reflejar toda la energía que te rodea. También simboliza la claridad, la purificación y la limpieza. El cuarzo transparente, por ejemplo, es ideal para quienes pretenden reforzar su energía. Es eficaz cuando se trata de canalizar la energía universal y absorber, amplificar, transmitir y equilibrar la energía. Por ello, es un gran cristal para utilizar en la curación, la meditación y la manifestación.

Negro

Al contrario que el blanco, cuyo objetivo es aclarar y reflejar la luz, los cristales y las piedras negras tienden a centrarse más en la absorción de la luz. Esto también significa que mientras el blanco trabaja en reflejar lo que es visible, el negro, en cambio, pretende mostrar el potencial oculto de todas las situaciones en las que se encuentra.

Esta frecuencia de color está más enfocada a manifestar y solidificar. También es un elemento de conexión a tierra. Otra cosa que debes saber sobre esta frecuencia de color es que guarda silenciosamente toda la energía en su interior.

Si quieres aprovechar al máximo los cristales en lo que respecta a la curación, debes conocer el papel que desempeña el color en tu vida diaria. Además de infundirte belleza y vitalidad, estas frecuencias de color también desempeñan papeles vitales en la curación. Puedes utilizarlas para alcanzar tu máximo potencial, ya sea mental, físico, espiritual o emocional.

Capítulo 4: Los Distintos Cristales Terapéuticos y sus Usos

Como ya sabes, las piedras y los cristales tienen sus propias propiedades energéticas y metafísicas. Estas energías y propiedades reconocidas son las razones por las que se han utilizado durante varios siglos para aumentar la abundancia, la prosperidad, la paz y para tratar una amplia gama de enfermedades.

Con las capacidades de curación energética, las propiedades emocionales y la sabiduría de estos cristales y piedras, puedes esperar que influyan en tu organismo físico, intelectual, emocional y espiritual. Ahora, la pregunta es: ¿cuáles son los cristales terapéuticos más útiles? Vamos a mencionar algunos ejemplos de los mejores cristales que puedes utilizar ahora mismo, y las áreas y aspectos específicos a los que se dirigen en cuanto a tu salud y bienestar general.

Amatista

La amatista es un famoso cristal curativo reconocido por su capacidad de aportar tranquilidad y paz a cualquier hogar. Tiene propiedades curativas, purificadoras y protectoras que ayudan a eliminar los pensamientos negativos al mismo tiempo que reponen el cuerpo. Se cree que favorece la sabiduría espiritual, la sinceridad y la humildad.

Con los muchos beneficios que ofrece la amatista, no debería sorprender verla como una de las piedras más utilizadas en la Nueva Era. El hecho de que también se pueda encontrar fácilmente en diferentes partes del mundo la hace aún más popular. Conocida por su hermoso tono púrpura, puede hacer muchas cosas, aunque parece ser más conocida por su capacidad de manifestación.

Beneficios Terapéuticos Metafísicos

Puedes utilizar la amatista para conectar con tu verdadero propósito en la vida, así como con los verdaderos deseos de tu corazón. A continuación, puedes manifestar estos deseos con la ayuda de la amatista. Vinculada al chakra superior, la amatista también sirve para traer lo etéreo al reino físico. Por ejemplo, puede ayudarte a hacer realidad tus sueños terrenales.

Beneficios Terapéuticos Físicos

Si tiene intención de utilizar la amatista para la curación física, tenga en cuenta que una de las zonas del cuerpo a las que puede llegar es el sistema nervioso simpático. También es de gran ayuda para equilibrar las hormonas, aliviar los dolores de cabeza y la tensión del cuello y curar el insomnio.

Es un gran compañero cada vez que te vas a la cama, ya que te permite dormir plácidamente, te ayuda con tus problemas de sueño y descifra los sueños. Una forma sencilla de conseguir este beneficio es ponerlo debajo de la almohada cada noche. Te permitirá dormir profundamente y despertarte totalmente descansado, lo que te hará estar totalmente preparado para actuar y afrontar cualquier reto que se te presente durante el día.

Citrino

El citrino es un tipo de cuarzo conocido por su tono amarillo dorado. Por su color, se puede relacionar este cristal con el optimismo y la alegría. Muchos también se refieren a él como la piedra del dinero, ya que ayuda a manifestar la riqueza, la abundancia y la prosperidad. El citrino puede deshacerse de rasgos negativos, como el miedo, y estimular la claridad y la motivación. También puede potenciar las energías de otras piedras y cristales que lo rodean.

Beneficios Terapéuticos Metafísicos

Puedes llevar el citrino cada vez que tengas que realizar una actividad que implique dinero y finanzas. Por ejemplo, puedes llevarlo contigo cada vez que visites el banco o asistas a reuniones de negocios que se centren en tus finanzas. También puede poner este cristal en su escritorio y mirarlo cada vez que trabaje. Hacerlo puede ayudar a atraer la estabilidad financiera, la riqueza y la abundancia.

Beneficios Terapéuticos Físicos

En lo que respecta a su cuerpo físico y a su salud y bienestar, el citrino tiene una amplia gama de usos. Por ejemplo, puede estimular el metabolismo. También es una gran ayuda si tiene náuseas y problemas digestivos con frecuencia. Además, contribuye en gran medida a reforzar los impulsos nerviosos, lo que es realmente bueno para el cerebro, ya que le ayuda a pensar con claridad y rapidez.

Turquesa

Reconocida por ser una verdadera maestra sanadora, la turquesa es una piedra que deberías llevar contigo. Es famosa por su capacidad de actuar como puente energético entre el cielo y la tierra. Desde que se popularizaron los cristales terapéuticos, esta piedra azul ha sido reconocida por sus beneficios, especialmente por sus propiedades protectoras y de buena suerte.

Además, la turquesa se valora por simbolizar la sabiduría, y se representa como tal en varias culturas antiguas. Era una de las piedras más apreciadas por reyes, chamanes, jefes y magos.

Beneficios Terapéuticos Metafísicos

Uno de los beneficios terapéuticos metafísicos de la turquesa es que puede fortalecer los meridianos del cuerpo. También puede apoyarte con tu intuición y permitirte meditar en paz. El hecho de que tenga una tonalidad azul la hace fácilmente identificable con el chakra de la garganta.

Con esta asociación, se puede decir que es un gran contribuyente para ayudarte a mejorar tu comunicación con los demás. Puedes llevarlo contigo en forma de talismán, así estarás protegido por sus propiedades preventivas. Llevarlo contigo también sirve para canalizar la sabiduría ancestral que emite.

Beneficios Terapéuticos Físicos

En cuanto a la curación física, la turquesa puede tratar problemas que afectan al cerebro, la garganta, los oídos y el cuello. También tiene una fuerte conexión con el reino psíquico. Es una piedra increíble que se puede utilizar si se quieren eliminar los bloqueos energéticos. También puede ayudar a que la energía fluya de forma sana y fluida por todo el cuerpo.

Cuarzo Rosa

Se trata de un cristal curativo que simboliza en gran medida el amor incondicional. Muchos incluso se refieren a él como la piedra del amor. Tiene un atractivo tono rosa, un color que se asocia inmediatamente con el corazón. Puede utilizarlo para expresar su amor incondicional no sólo a los demás, sino también a usted mismo, al planeta y a las cosas que le rodean.

Beneficios Terapéuticos Metafísicos

El cuarzo rosa es, en efecto, una piedra increíble que puedes utilizar para atraer y fomentar el amor. Te resultará útil para compartir tu amor con los demás y atraer a tu alma gemela. Dicho esto, es seguro asumir que el cuarzo rosa se centra principalmente en el corazón. Puedes llevar esta piedra para ayudarte a abrirte a la idea de encontrar el amor, especialmente si todavía estás soltero. También puedes usarla para alimentar y profundizar tu amor, en caso de que ya estés en una relación romántica.

Beneficios Terapéuticos Físicos

Al estar enfocado en el chakra del corazón, el cuarzo rosa te resultará muy útil para sanar y liberar emociones profundas. También puede contribuir a mejorar la circulación sanguínea y a mantener baja la presión arterial. Muchos practicantes y defensores de la cristaloterapia están de acuerdo en que el cuarzo rosa es eficaz para aliviar el ritmo cardíaco irregular o interrumpido y para aliviar la tensión.

Lapislázuli

Como uno de los cristales terapéuticos más antiguos que se han utilizado, el lapislázuli es un hermoso cristal con un tono azul conocido por sus altas vibraciones energéticas. Al tener estas altas vibraciones, este cristal es muy atractivo para cualquiera que quiera acelerar su crecimiento espiritual.

No, no podrá proporcionarle un atajo mágico para alcanzar la iluminación, pero sí puede proporcionarle el tipo de receptividad que le permitirá abrirse a la guía divina. El lapislázuli también está muy relacionado con el lujo y la realeza. Tiene propiedades celestiales que te guían para que puedas realizar tus actividades con buen criterio y sabiduría.

Beneficios Terapéuticos Metafísicos

El lapislázuli es reconocido por su capacidad de activar tu chakra etéreo superior. También es el cristal utilizado para potenciar tu chakra de la garganta y así promover una comunicación clara, a la vez que te permite expresar tus ideas con libertad y facilidad. Es una piedra intrigante, que favorece la verdad y la observación interna al mismo tiempo que te ayuda a descubrir y representar el mundo espiritual.

Beneficios Terapéuticos Físicos

El lapislázuli también es muy poderoso y beneficioso en lo que respecta a la curación física. Es la piedra que necesitas para sanar y ayudar a las cuerdas vocales, la garganta y la laringe. También tiene una fuerte conexión con el cerebro. Por ello, también puede aliviar el TDA (trastorno por déficit de atención). Lo hace mejorando tu concentración mental y deshaciéndote de los pensamientos indeseados e innecesarios.

Piedra de Luna

Famosa por su tono azul claro y translúcido, la piedra de luna es un cristal curativo al que se puede acceder fácilmente en distintas partes del mundo. Tiene fuertes conexiones con la energía lunar femenina. También es la piedra ideal para utilizar si se quiere cultivar la armonía interna y fortalecer la intuición. Reconocida por ser regia y sagrada, no es de extrañar que se la considere la piedra de los antiguos dioses y diosas de la India.

Beneficios Terapéuticos Metafísicos

Puedes esperar que la piedra de luna actúe abriéndote para que puedas entrar en contacto con otros mundos, así como con el universo. También es útil para combatir el materialismo y regular y gestionar tu ego.

Beneficios Terapéuticos Físicos

La piedra de luna también es buena para la salud física, ya que puede ayudar al sistema digestivo y a la glándula pituitaria. También es útil para prevenir la obesidad. Otros problemas de salud que la piedra de luna puede curar son los problemas hormonales, la retención de líquidos y los problemas menstruales.

Aventurina

La aventurina es también otro cristal curativo, que está estrechamente vinculado a tu chakra del corazón. Las energías que emite pueden estimularte a seguir lo que te dice tu corazón, con valentía. También puede mejorar la suerte, la abundancia y la prosperidad. Además, es un cristal que puede ayudar a atraer nuevas oportunidades.

Beneficios Terapéuticos Metafísicos

Con su fuerte conexión con el chakra del corazón, la aventurina es una gran ayuda si tu objetivo es crear calma emocional y una sensación de bienestar. Es lo que necesitas para mantener tu salud emocional, física y mental en armonía. Además, sirve para restablecer el equilibrio.

Beneficios Terapéuticos Físicos

Cuando se trata de su salud física, la aventurina también contribuye positivamente. Favorece la buena salud del corazón y garantiza que la energía y la sangre circulen de forma fluida y saludable. También se dice que la aventurina contribuye a acelerar la recuperación de una enfermedad, una operación o una lesión.

Otras Piedras y Cristales Reconocidos por sus Propiedades Curativas

Apart from the ones already mentioned, you can also use any of the following stones and crystals for your crystal healing sessions as they are also well known for their healing powers and properties:

• **Jade** – Esta piedra es famosa por contener energías de tranquilidad y pureza. Es lo que necesitas para sentirte tranquilo y en paz. También contribuye a la buena salud de las glándulas suprarrenales y a aliviar los dolores de cabeza.

• **Granates** – Esto puede ayudar a sanar tu chakra base. Esta gema también es útil para aliviar la ciática y el dolor de espalda. Además, puede equilibrar la deficiencia de calcio y ayudar a la regeneración efectiva de los tejidos.

• **Topacio** – También puedes utilizar el topacio si tu objetivo es lograr el equilibrio hormonal o combatir el proceso de envejecimiento. El hecho de que el topacio vibre junto con las energías emitidas por tu chakra de la garganta también significa que es un gran colaborador para expresarte. También favorece una comunicación clara y cura los problemas relacionados con la voz, el cuello y la garganta.

• **Zafiro** – Esta piedra azul representa la realeza y la sabiduría. Atrae la paz, la felicidad y la prosperidad. En cuanto a la curación física, puede ayudar a curar problemas oculares y trastornos sanguíneos. También actúa a nivel celular y alivia la ansiedad, el insomnio y la depresión.

• **Cuarzo Transparente** – El cuarzo transparente tiene el título de maestro sanador por varias razones importantes. Una de ellas es que es eficaz para amplificar la energía positiva y el pensamiento. Funciona para almacenar, liberar, regular y absorber energía. También puede mejorar su capacidad psíquica, desbloquear su memoria y mejorar su concentración. Además, es una piedra estupenda para mejorar la inmunidad y restablecer el equilibrio del cuerpo.

• **Hematita** – Este cristal puede absorber las emociones tóxicas que pueden bloquearle para alcanzar la felicidad genuina y la vitalidad natural. Puedes utilizar este cristal para eliminar los sentimientos negativos, especialmente los que causan ansiedad, preocupación y estrés.

• **Ojo de Tigre** – Este es famoso por proporcionar alivio contra los primeros signos de alerta del asma. También alivia los dolores de cabeza. Además, es bueno para el sistema digestivo, ya que contribuye a su buen funcionamiento.

• **Turmalina Negra** – También puede utilizar la turmalina negra si su objetivo es encontrar un alivio inmediato de diversas formas de dolores corporales. También puede fortalecer su sistema inmunológico. Aparte de eso, podría ser una gran ayuda en la curación de problemas relacionados con sus glándulas suprarrenales, las piernas, la columna vertebral y los riñones.

• **Fluorita** – Una de las grandes ventajas de este cristal es que aumenta la concentración y el enfoque hasta el punto de lograr la claridad mental. Por lo tanto, es un eficaz protector y sanador.

• **Aguamarina** – Debería utilizar aguamarina en sus sesiones de curación con cristales, especialmente si su objetivo es restaurar o mantener la belleza y la vitalidad de la juventud. La razón es que la aguamarina contiene un montón de fantásticas propiedades antienvejecimiento. Tiene una energía tranquilizadora, lo que la convierte en un cristal eficaz para ayudar a calmar los miedos y hacer frente a las fobias.

• **Cianita** – Con su color azul-verde calmante, puedes asociar fácilmente la cianita con el cielo, así que espera que sea muy de ayuda para calmar tus nervios. Es uno de los mejores cristales que se pueden utilizar cuando se trata de curar el dolor que afecta a la garganta. También se puede utilizar para mejorar la comunicación. Además, la cianita sirve para aliviar los dolores de cabeza, la tensión y el dolor de ojos.

• **Ópalo** – El ópalo es una piedra colorida estrechamente relacionada con el ojo, en particular con el chakra del tercer ojo. El ópalo le resultará útil para favorecer la salud ocular y mejorar su visión. También es eficaz para estabilizar las alteraciones de los neurotransmisores y estimular la memoria. Además, puede inspirar felicidad, aprecio y optimismo.

En este capítulo se mencionan sólo algunas de las muchas piedras y cristales que puedes utilizar para la cristaloterapia. Por supuesto, hay muchos más entre los que elegir, pero los que se mencionan aquí son un excelente comienzo para sus actividades de curación con cristales.

Capítulo 5: ¿Cómo Seleccionar los Cristales Terapéuticos Adecuados?

Escoger los cristales adecuados para fines terapéuticos puede resultar bastante abrumador sobre todo para los principiantes debido a las numerosas alternativas que existen. Aparte de los mencionados en el capítulo anterior, puedes encontrar miles de otras piedras preciosas y cristales, cada uno con su propia estructura, uso, color y energía. Es crucial que sepas exactamente cuál será tu propósito o intención, ya que esto será fundamental para seleccionar los cristales adecuados para ti.

Puedes elegir un cristal basándote en tu intuición o en tu propósito. Puedes dejar que tu intuición te guíe si aún no estás seguro de en qué quieres centrarte. En ese caso, puedes elegir tus piedras terapéuticas sintiendo o mirando las diferentes opciones hasta que te sientas atraído por al menos una de ellas.

Aunque pienses que eres tú quien elige los cristales, normalmente es el cristal el que te elige a ti. El cristal atrae tu atención a través de sus deslumbrantes colores, patrones y formas. Además, con la energía vibratoria distintiva de cada cristal, tu intuición te guiará eficazmente hacia las piedras y los cristales más adecuados para ti en función de un momento concreto de tu vida.

Otra forma de elegir un cristal es hacerlo coincidir con tus intenciones. Por ejemplo, si tiene la intención de elegir un cristal para mejorar su bienestar general, debe determinar un reto o problema específico al que se enfrenta actualmente.

Después de decidir una finalidad o un objetivo específico, puede finalmente emparejarla con un cristal que emita energía capaz de apoyar dicha finalidad o objetivo. Por ejemplo, si su intención es manifestar la abundancia en su vida, podría elegir el citrino, que es poderoso para manifestar tales deseos.

¿Cómo Desarrollar Tu Propósito?

Aprender qué significa específicamente el propósito y cómo puedes elaborar uno es la clave para seleccionar los cristales y las piedras más adecuados para ti. En este caso, debes recordar que los sentimientos pueden crear vibraciones en todo el universo. Dicho esto, el acto de establecer propósitos siempre servirá como una increíble y poderosa herramienta para alcanzar la felicidad y el bienestar.

Tu propósito te dará un objetivo claro en la vida. Es lo que te proporcionará una visión clara de tus valores, sueños y aspiraciones. También es como un imán en el sentido de que atrae las cosas que pueden ayudarle a hacerse realidad. Teniendo esto en cuenta, deberías empezar a elaborar y establecer tu propósito determinando primero tus objetivos, especialmente aquellos capaces de orientarte hacia tu meta, tus aspiraciones y tus valores.

Determinar y establecer tu propósito puede ser más fácil si sigues estos consejos:

- **Identifique Lo Que Realmente Le Importa** – Tenga en cuenta que sus valores sirven como fuerzas motrices de su vida. Determina qué es lo que más te importa, especialmente si deseas alcanzar la felicidad y la plenitud.

- **Encuentre Los Ámbitos y Aspectos De Su Vida Que Requieren Una Mejora** – Determine los ámbitos específicos en los que cree que puede mejorar su carrera, su salud, su comunidad, su vida social, sus relaciones y su espiritualidad.

- **Sea Específico** – Asegúrese de ser específico en las cosas que desea lograr. También tienes que determinar el momento concreto en el que pretendes conseguirlo y tus razones exactas.

- **Haz Que Tus Propósitos Se Hagan Realidad** – Una forma de hacerlo es escribiendo tu propósito. Al hacerlo, asegúrate de utilizar el tiempo presente. Debe ser como si tu propósito estuviera ocurriendo ahora mismo. A continuación, debes expresar el objetivo o propósito específico que deseas. Pon también por escrito tu finalidad. Debe ser el resultado final que pretendes conseguir con lo que estás manifestando.

Tienes que ser paciente mientras calmas tu mente y descubres qué es lo que te va a servir específicamente. Una forma eficaz de probar varios cristales es sostener la piedra mientras piensas en silencio en tu verdadero propósito.

Observa los efectos que te produce la piedra. Puedes sentir vibraciones, tranquilidad, calma y calor o frío. Todo ello puede ser señal de que la piedra es ideal para el tipo de curación que pretende conseguir. La razón es que emite vibraciones energéticas únicas que interactúan con las vibraciones que usted produce por sí mismo. Esto puede tener un impacto directo en tu organismo físico, emocional y sensorial.

Elegir el Cristal Adecuado en Función de un Chakra

Aparte de utilizar su intuición o su propósito, también puede elegir el cristal adecuado que puede utilizar para la terapia basándose en el que resuena perfectamente con un determinado chakra. Si todavía no está familiarizado con los chakras, recuerde que se refieren a los centros de energía espiritual que suelen representarse como ruedas giratorias.

Abrir tus chakras es la clave para mantenerte sano y equilibrado.

Si un chakra en particular está desequilibrado o bloqueado, es probable que experimente problemas en varios aspectos de su vida. En este caso, puedes aprovechar las piedras y los cristales, ya que pueden ayudar a sanar cualquier bloqueo o desequilibrio en tus chakras.

Hay siete chakras primarios, y todos ellos se alinean con la columna vertebral hasta la parte superior de la cabeza. Todos los chakras están también conectados con los principales órganos y sistemas nerviosos y con tu ser espiritual, mental y emocional. Cada chakra tiene también una piedra y un color asociados a él.

Teniendo esto en cuenta, primero tienes que identificar el chakra específico que pretendes equilibrar o desbloquear, para poder averiguar el cristal específico que puede ayudarte. Aquí están los siete chakras primarios que debes conocer. En esta sección también se indican algunos de los cristales con los que están muy relacionados.

Chakra Raíz

El color asignado al chakra raíz o chakra base es el rojo. Con este chakra, puedes conectar tu energía con la Tierra. Situado en la base de la columna vertebral, este chakra está muy relacionado con la seguridad y la supervivencia. Entre los cristales que resuenan con este chakra están la piedra de sangre, la hematites, el jaspe rojo y la turmalina negra, así que considera escoger cualquiera de ellos si es lo que pretendes sanar.

Chakra Sacro

Como su color es el naranja, el chakra sacro ayuda a que la energía vital fluya sin problemas por el cuerpo. Este chakra está situado debajo del estómago o del ombligo. Su chakra sacro también es reconocido por ser el centro de las emociones, la creatividad, los órganos sexuales y el placer. Si este es el chakra que quieres limpiar, equilibrar o abrir, entonces puedes usar ámbar, piedra solar, calcita naranja y/o cornalina durante tu sesión de sanación con cristales.

Chakra del Plexo Solar

El plexo solar es un chakra de agradable aspecto y de color amarillo. Está conectado específicamente con tu red neuronal. Este chakra se centra principalmente en la confianza en sí mismo y en el poder personal, por lo que contribuye a mostrar tu verdadero yo sin limitaciones ni prejuicios. Situado justo debajo del esternón, es un chakra que puedes activar con cristales que resuenen con él, como la pirita, el jaspe amarillo, el citrino y el cuarzo rutilado.

Chakra del Corazón

Con los colores rosa y verde que representan el chakra del corazón, puedes esperar que emane amor incondicional, perdón y compasión. Puedes ver este chakra en el centro de tu pecho. Este chakra conecta los chakras físicos inferiores con los chakras superiores que son de naturaleza más espiritual. Si deseas centrarte en tu chakra del corazón, debes elegir piedras y cristales que se ajusten a él, como el jade verde, la aventurina verde, el cuarzo rosa y la esmeralda.

Chakra de la Garganta

El azul cielo es el color del chakra de la garganta, reconocido por ser el centro de la autoexpresión y la comunicación. Este chakra se encuentra en la base del cuello. Es uno de los chakras situados en las partes más altas de tu cuerpo, lo que significa su naturaleza espiritual. Los cristales que se corresponden con el chakra de la garganta son el lapislázuli, la aguamarina, la apatita azul y la turquesa.

Chakra del Tercer Ojo

Representado por su intenso color índigo, el chakra del tercer ojo actúa como centro de tu intuición. Es necesario activarlo si quieres mejorar tu capacidad psíquica y activar tu glándula pineal. Para ello, puedes utilizar labradorita, amatista, fluorita púrpura y shungita.

Chakra Corona

El color del chakra de la corona puede ser blanco o violeta. Es un chakra místico fuertemente conectado con tu conciencia superior, particularmente con tu destino y propósito divino. Al ser el chakra de la corona, está situado en la parte superior de la cabeza. Algunos ejemplos de piedras y cristales que tienden a resonar con el chakra corona son el diamante, la amatista, la selenita y el cuarzo transparente.

Para elegir un cristal fuertemente conectado a un chakra específico, es aconsejable dedicar tiempo a examinar el comportamiento, el color y la energía del cristal y cómo tiende a vibrar con usted. Ten en cuenta que varios cristales están relacionados con cada chakra pero tienen cualidades y propiedades que se alinean con más de un chakra. Asegúrate de tenerlo en cuenta al hacer tu elección.

Cómo Elegir el Cristal Correcto Basado en la Astrología

Otro método para elegir un cristal que pueda utilizar con fines curativos es basarse en su signo zodiacal o astrológico. Este método es ideal, especialmente si aún no tienes ningún enfoque o intención en mente. En este caso, tienes que determinar cuál es tu signo zodiacal o astrológico basándote en tu fecha de nacimiento.

Aquí están los 12 signos astrológicos/zodiacales y las piedras y cristales específicos que funcionan bien con ellos:

Piedras y Cristales para Aries

Rubí *(Color - Rojo / Chakra - Raíz, Corazón)* - Favorece los fuertes rasgos de liderazgo y pasión de Aries, y contrarresta sus rasgos negativos, como la tendencia a perder la motivación rápidamente, la inquietud y la impulsividad. También puede restablecer el valor y la confianza, especialmente cuando se trata de tareas difíciles.

Cornalina *(Color - Rojo y Naranja / Chakra - Sacro, Raíz)* - Esta es la mejor piedra para un Aries con dudas sobre sus capacidades. Puede mejorar la autoestima y la confianza, así como la capacidad de resolver problemas.

Cuarzo Lechoso *(Color - Blanco / Chakra - Corona)* - Ideal para usar cuando un Aries se siente demasiado abrumado. Con su suave energía femenina, puede equilibrar eficazmente las energías yin-yang y los chakras. Puede abrir una conexión con la conciencia suprema, al mismo tiempo que ayuda a encontrar un equilibrio entre el cumplimiento de las responsabilidades y un trabajo saludable.

Jaspe rojo *(Color - Rojo / Chakra - Raíz, Sacro)* - Esto puede hacer frente a la impulsividad de un Aries. Gracias a su energía de conexión con la tierra, el jaspe rojo puede servir para obtener un comportamiento más calculado y favorecer la paciencia.

Piedras y Cristales para Tauro

Esmeralda *(Color - Verde / Chakra - Corazón)* - Motiva a un Tauro a ser más paciente y leal. También puede utilizarla para sanar cuando sienta que no está tan seguro en su relación romántica o profesional, que es un sentimiento típico de Tauro. También complementa el amor de Tauro por la perspicacia financiera y el lujo.

Cianita Azul *(Color - Azul con vetas blancas / Chakra - Tercer Ojo, Garganta)* - Te inspira a expresar tus creencias y opiniones. Sus altas vibraciones pueden mejorar la conciencia, el razonamiento mental y las habilidades intuitivas de un Tauro. Es de gran ayuda cuando un Tauro trata con personas difíciles y desafiantes o está poco dispuesto a expresarse por miedo a molestar a alguien.

Cuarzo Rosa *(Color - Rosa / Chakra - Corazón)* - Puede equilibrar el chakra del corazón de un Tauro, haciendo posible que se abra hacia sus seres queridos, parejas románticas, amigos y uno mismo. También sirve para calmar cualquier sentimiento de insuficiencia, a menudo resultante de la sobreprotección y los celos excesivos de un Tauro.

Peridoto *(Color - Verde / Chakra - Plexo Solar, Corazón)* - Se deshace de lo negativo que es tan típico en un Tauro, particularmente de lo que le impide alcanzar sus sueños. Es típico que un Tauro se frene a sí mismo debido a creencias rígidas y estrictas, a los celos y al miedo al cambio. Con la energía luminosa del peridoto, es posible aportar una perspectiva más positiva, lo que permite a un Tauro superar los celos y los bloqueos emocionales.

Piedras y Cristales para Géminis

Ágata *(Colores - Azul, Verde, Marrón, Rojo, Blanco, Amarillo / Chakra - Raíz, Corazón)* - Un poderoso cristal para los Géminis que potencia aún más su amor por el aprendizaje y las conversaciones inteligentes. También tiene una especie de magnetismo que retiene la atención de un Géminis, especialmente porque los nacidos bajo este signo tienen la tendencia a aburrirse y ser un poco entrometidos de vez en cuando.

Celestita *(Color - Azul / Chakra - Garganta, Corona)* - Una piedra preciosa increíble para potenciar los puntos fuertes de un Géminis, que es principalmente la comunicación. También puede combatir los rasgos negativos de este signo del zodiaco, como el nerviosismo, la indecisión y la tendencia a quedarse sin palabras. Tiene una energía calmante capaz de aliviar las preocupaciones y estimular la claridad mental.

Howlita *(Color - Blanco, Verde / Chakra - Corona, Corazón)* - Eficaz para equilibrar los centros espirituales, haciendo posible que un Géminis destaque sus rasgos positivos, incluyendo ser naturalmente sociable, amante de la diversión y enérgico. También puede evitar que los chakras de un Géminis se desequilibren, asegurando así que no convierta su espontaneidad en impulsividad e inquietud.

Serpentina *(Color - Rojo, Marrón, Marrón-Amarillo, Marrón-Rojo / Chakra - Corona)* - Estimula el chakra de la corona de Géminis, que es bueno para estimular la calma mental, los nervios y una mejor intuición. También puede hacer que un Géminis se defienda con orgullo y confianza en sí mismo en lugar de dejar que las presiones externas le afecten.

Piedras y Cristales para Cáncer

Piedra de la Luna *(Color - Amarillo brillo lechoso, crema, blanco / Chakra - Corona)* - Le permite seguir la corriente de la vida que cambia constantemente. Esto hace que sea útil para los nacidos bajo el signo de Cáncer que parecen tener miedo de correr riesgos. También puede estabilizar las emociones, lo cual es bueno ya que los cancerianos también tienden a tener cambios de humor.

Rubí *(Color - Rojo / Chakra - Raíz, Corazón)* - Equilibra su temperamento y evita que la inseguridad y el miedo típicos de los cancerianos les impidan alcanzar sus objetivos. El rubí puede emitir energía capaz de estimular la motivación y la pasión de Cáncer.

Ópalo *(Color - Incoloro, Rosa, Azul, Negro, Blanco, Verde, Amarillo / Chakra - Garganta, Corona, Corazón)* - Favorece el equilibrio emocional, permitiendo a los cancerianos profundizar en sus emociones y evitar que los acontecimientos del pasado y los resentimientos los retengan.

Esmeralda *(Color - Verde / Chakra - Corazón)* - Fortalece la memoria y promueve la veracidad, especialmente con uno mismo. Fomenta la unidad y la lealtad en una relación. También puede hacer frente a la tendencia al mal humor de los cancerianos, ya que les ayuda a desarrollar su paciencia.

Piedras y Cristales para Leo

Topacio Amarillo Dorado *(Color - Amarillo Dorado / Chakra - Sacro, Plexo Solar)* - Amplifica las intenciones de Leo, haciendo posible manifestar casi cualquier cosa, especialmente para aquellos que son de naturaleza espiritual. Este cristal también ayuda a un Leo a tener éxito, reconociendo sus capacidades y habilidades y su influencia positiva hacia los demás. También eleva la energía de uno, lo cual es bueno porque la mayoría de los nacidos bajo Leo son sociables.

Hiddenita *(Color - Verde / Chakra - Tercer Ojo, Corazón)* - Una variación de la kunzita, esta piedra es ideal para un Leo que suele tener dificultades para liberar sus problemas de fracaso. Alguien nacido bajo el signo de Leo también puede utilizar la Hiddenita para obtener ánimo cuando se enfrentan a los desafíos. Puede apoyar los nuevos comienzos y ayudar a un Leo a desarrollar relaciones verdaderamente significativas.

Citrino *(Color - Amarillo / Chakra - Corona, Plexo Solar)* - Para un Leo, el citrino es una piedra capaz de potenciar su energía. Puede potenciar la positividad y la alegría, incluso en aquellos momentos en los que las inseguridades atacan. También es la clave para contrarrestar ese rasgo tan negativo de Leo que es la hipersensibilidad ante las críticas. Si eres Leo, el citrino puede aumentar tu confianza y mejorar tu capacidad para aceptar las críticas constructivas con tranquilidad.

Ónix Negro *(Color - Negro / Chakra - Raíz)* - Ideal para cualquier persona nacida bajo el signo de Leo; el ónix negro debería ser el cristal al que acudir para calmar el exceso de energía. También puede contribuir a superar las dudas sobre sí mismo, algo muy común entre los Leo. Todo esto es gracias a la energía protectora y de conexión con la tierra de esta piedra.

Piedras y Cristales para Virgo

Jade Verde *(Color - Verde / Chakra - Corazón)* - Ayuda a los Virgo a responsabilizarse de su propia felicidad, objetivos y estabilidad financiera. También pretende equilibrar las áreas emocionales, mentales y físicas de la vida, especialmente las que giran en torno al trabajo, las relaciones y la familia. También puede reforzar la atención a los detalles, un buen rasgo de los Virgo.

Turmalina Azul *(Color - Azul / Chakra - Tercer Ojo, Garganta)* - Favorece el deseo natural de un Virgo de servir a los demás. También aumenta la confianza de un Virgo y amplía las capacidades intuitivas y psíquicas. Ayuda a vivir en armonía con el medio ambiente.

Peridoto *(Color - Verde / Chakra - Plexo Solar, Corazón)* - Ayuda a un Virgo a superar los obstáculos de la vida, como los errores del pasado, las viejas cargas y las autocríticas, favoreciendo así un rápido progreso para alcanzar los objetivos. Con sus elementos y propiedades para aliviar el estrés, un Virgo también puede beneficiarse del uso del peridoto, especialmente cuando se enfrenta a demasiado estrés.

Jaspe Rojo *(Color - Rojo / Chakra - Sacro, Raíz)* - Brinda comodidad, integridad, paz y tranquilidad a la vida algo estresante de un Virgo. Es muy nutritivo, además de que puede mejorar las habilidades de resolver problemas y de organización. También ayuda a un Virgo a lidiar con sus pensamientos negativos, enviando un recordatorio para reconectar con la naturaleza terrenal de este signo del zodiaco.

Piedras y Cristales para Libra

Zafiro Azul (Color - Azul / Chakra - Garganta, Tercer Ojo) - Una piedra increíble que encarna el equilibrio, la sinceridad y la sabiduría. También ayuda a un Libra a lidiar con las luchas relacionadas con la práctica de la autodisciplina, permitiéndole mejorar su concentración y detener el hábito de la procrastinación. El zafiro azul también puede mejorar las relaciones y la lealtad y fidelidad que suele valorar un Libra.

Cuarzo Rosa (Color - Rosa / Chakra - Corazón) - Favorece la paz interior, las buenas relaciones y el amor propio. Esta piedra en concreto puede potenciar el amor propio, inspirando a un Libra a ver su belleza interior. También puede hacer que un Libra se dé cuenta de que el amor propio también puede conducir a la felicidad verdadera. Además, puede deshacerse del resentimiento y la ira, al mismo tiempo que alivia cualquier conflicto existente.

Ametrina (Color - Amarillo, Púrpura / Chakra - Plexo Solar, Corona) - Alienta a un Libra a confiar en sus instintos, lo cual es una gran ventaja ya que un rasgo innato de este signo zodiacal es la indecisión. También fomenta el compromiso con un plan o curso de acción, además de que puede mejorar la comprensión espiritual y mental. Además, puede ayudar a combatir los prejuicios y a manejar cualquier desequilibrio con el yin-yang.

Lapislázuli *(Color - Azul Profundo / Chakra - Tercer Ojo, Garganta)* - Un gran cristal para un Libra por su capacidad de representar la libertad y el poder. También aporta una sensación de calma y serenidad. Proporciona el estímulo necesario para expresar tus opiniones y pensamientos. Además, puede establecer una sólida red compuesta de relaciones positivas, una gran ventaja para un Libra que no acostumbra a estar solo.

Piedras y Cristales para Escorpio

Aguamarina *(Color - Verde, Azul pálido / Chakra - Garganta)* - Ayuda a resolver las discusiones y a liberar la ira, una ventaja teniendo en cuenta que los Escorpio suelen tener un temperamento feroz que puede volverse hostil cuando se les provoca. La aguamarina también puede favorecer la inteligencia de un Escorpio y cultivar la confianza y el valor necesarios para probar una nueva iniciativa.

Cuarzo Ahumado *(Color - Marrón, Gris Claro a Oscuro / Chakra - Corona, Raíz)* - Libera la carga emocional y otras emociones reprimidas, lo que es ideal para los Escorpio, ya que tienden a ser sensibles y reservados. Este cristal también puede mejorar las habilidades psíquicas, lo que permite a un Escorpio volver a conectar con sus habilidades intuitivas cuando se sienten atrapados en una situación específica.

Malaquita *(Color - Verde / Chakra - Garganta, Corazón)* - Favorece la energía constantemente cambiante de un Escorpio. Al poseer el signo del agua, los Escorpio esperan experimentar movimientos constantes, y la malaquita puede ofrecerles protección a lo largo de su viaje. Puede ser al viajar, al cambiar de percepción o al tomar una decisión que cambie su vida. También ayuda a un Escorpio a asumir la responsabilidad de todas sus acciones.

Rubí *(Color - Rojo / Chakra - Raíz, Corazón)* - Los Escorpio son famosos por ser apasionados con muchas cosas, ya sea una relación, un proyecto o nuevos comienzos. Por lo tanto, el color vibrante del rubí resuena maravillosamente con tal energía, impulsando así aún más la naturaleza valiente de Escorpio. Esta piedra preciosa también es útil para encender la libido, profundizar la intimidad en las relaciones románticas y mejorar la fertilidad.

Piedras y Cristales para Sagitario

Lapislázuli *(Color - Azul Oscuro / Chakra - Tercer Ojo, Garganta)* - Activa el tercer ojo, estimulando la verdad y la sabiduría. Favorece el amor y el deseo de Sagitario de explorar la espiritualidad e impulsar el conocimiento espiritual. También puede favorecer el deseo de Sagitario de abrazar la libertad y la independencia.

Topacio Azul *(Color - Azul / Chakra - Garganta, Tercer Ojo)* - Hace surgir una frecuencia vibratoria que emite la verdad, un rasgo valorado por un Sagitario. A veces, los sagitarianos tienen dificultades para expresar sus emociones, signo de un desequilibrio en el chakra de la garganta. Esto es algo que el topacio azul puede tratar, ya que puede estimular el chakra de la garganta, favoreciendo el equilibrio de las emociones. De este modo, resulta más fácil expresar las emociones y opiniones con honestidad y confianza.

Turquesa *(Color - Verde, Azul / Chakra - Garganta)* - Sagitario tiene el rasgo característico de querer liderar. Suelen pensar rápido, son decisivos e independientes, pero si sus chakras no están bien alineados, tienden a volverse vanidosos y egocéntricos, perjudicando las relaciones y dificultando sus posibilidades de alcanzar el éxito. Utilizando la turquesa, es posible realinear y reequilibrar los chakras de un Sagitario. Esta es una gran manera de equilibrar su impulsividad y egoísmo con rasgos de empatía.

Wulfenita *(Color - Naranja, Gris, Verde, Amarillo, Marrón, Blanco / Chakra - Sacro, Corazón, Plexo Solar)* - La generosidad y la bondad propias de los sagitarianos los hacen presa de quienes pueden aprovecharse de ellos. Con la ayuda de esta piedra de nacimiento, puede hacer juicios adecuados, lo que le permite decidir si alguien realmente merece su ayuda. La wulfenita también puede estimular la inspiración y la creatividad.

Piedras y Cristales para Capricornio

Granate *(Color - Rosa, Rojo Intenso, Verde Claro, Marrón, Naranja / Chakra - Raíz)* - Estimula el carisma y el optimismo en un Capricornio que tiene rasgos naturalmente pesimistas. También puede inspirar lealtad, compromiso y devoción en una relación. Además, el granate tiene una energía activadora capaz de reforzar los instintos de supervivencia de un Capricornio.

Esmeralda *(Color - Verde / Chakra - Corazón)* - Simboliza el crecimiento interior. Infunde el máximo nivel de paciencia y lealtad, manteniendo así el equilibrio en las relaciones. También es el cristal que un Capricornio necesita cuando está luchando con emociones abrumadoras.

Malaquita (*Color - Verde / Chakra - Garganta, Corazón*) - Esta piedra lunar es de gran ayuda para cualquier Capricornio altamente motivado, ya que le da el valor para arriesgarse y aspirar a resultados rápidos y excelentes. También es útil para desarrollar la empatía.

Azurita (*Color - Azul / Chakra - Tercer Ojo, Garganta*) - Funciona eficazmente para que un Capricornio se abra a la guía divina. Puede mejorar su intuición ampliando y complementando sus principios supremos. Además, lo inspira a desarrollar grandes ideas y a mejorar su concentración y ética de trabajo.

Piedras y Cristales para Acuario

Aguamarina (*Color - Verde, Azul Pálido / Chakra - Garganta*) - Construye una conexión con el centro del corazón, lo que también ayuda a aliviar el estrés, algo a lo que un Acuario es vulnerable. La aguamarina también tiene colores agradables y fríos que pueden calmar y tranquilizar la mente, lo que le permite alcanzar la paz y la claridad.

Magnetita (*Color - Gris, Marrón, Negro / Chakra - Raíz*) - Al ser esencialmente magnética, la magnetita es capaz de atraer y repeler energías. Puede alinear los chakras de alguien nacido bajo el signo de Acuario, favoreciendo así la estabilidad emocional. También es eficaz para equilibrar los rasgos opuestos, como energizar a alguien al mismo tiempo que favorece la relajación.

Celestita *(Color - Azul / Chakra - Garganta, Corona)* - Hace surgir una vibración celestial, que puede estimular el desarrollo espiritual mientras establece una conexión con los reinos angelicales. Esto es una gran ayuda para los acuarianos ya que tienden a luchar con el desarrollo de su espiritualidad. La celestita también tiene una influencia más suave que puede hacer que un acuariano se mantenga equilibrado y flexible.

Ónix Negro *(Color - Negro / Chakra - Raíz)* - Esta piedra se alinea positivamente con la energía y la naturaleza de un Acuario. Tiene elementos y propiedades de protección y conexión con la tierra, capaces de calmar cualquier exceso de energía. También disminuye la ansiedad y el estrés, que es común entre los Acuario, ya que también tienden a trabajar en exceso mientras se sienten abrumados por las dudas sobre sí mismos.

Piedras y Cristales para Piscis

Amatista *(Color - Púrpura a Lavanda / Chakra - Tercer Ojo, Corona)* - Piscis tiene el rasgo característico de querer escapar de la realidad, lo que les hace propensos a las adicciones, como el tabaquismo y el alcoholismo. Así que la amatista puede ayudar en este caso, ya que puede evitar el exceso de alcohol al fortalecer la voluntad. También ayuda a alcanzar la paz interior y a descubrir las razones exactas de ciertos comportamientos. De este modo, resulta mucho más fácil superar los malos hábitos.

Piedra de Sangre *(Color - Verde con Manchas Rojas / Chakra - Corazón, Plexo Solar, Raíz, Sacro)* - Los Piscis son naturalmente sensibles, lo cual es un rasgo que puede hacer que asuman los problemas de los demás como propios. Con la ayuda de la piedra de sangre, puede recordar que sus sentimientos y emociones también son importantes. Esto puede evitar que te centres demasiado en los demás y te olvides de ti mismo.

Smithsonita *(Color - Verde, Azul / Chakra - Garganta)* - Irradia bondad y encanto, que también funciona para equilibrar las emociones y reducir el nivel de estrés de cualquier persona nacida bajo el signo de Piscis. También es útil para mejorar la fuerza psíquica de Piscis. También promueve una mejor comunicación y mejora la naturaleza compasiva de la persona.

Fluorita *(Color - Un Arco Iris de Colores / Chakra - Tercer Ojo, Garganta, Corazón)* - Ayuda a un pisciano que tenga un tercer ojo desequilibrado o cerrado, permitiéndole lidiar con la confusión o la agitación mental. El uso de este cristal también funciona para impulsar la concentración mental y estimular y equilibrar los centros de energía. Funciona para agudizar los pensamientos y permitir que lleguen a la mente ideas nuevas y creativas.

Otros Consejos Para Escoger el Cristal Adecuado

Aunque hay varios métodos y formas de elegir un cristal para utilizarlo con fines curativos, recuerde que el consejo más importante es confiar plenamente en su intuición. Además, tenga en cuenta que, aunque no existe un método específico correcto o incorrecto para elegir un cristal, es aconsejable que busque una conexión entre ellos.

Además, evita preocuparte demasiado por hacer una mala elección. Recuerde que todas las piedras preciosas y los cristales poseen su propia energía y estructura, por lo que es muy probable que cualquier tipo de cristal sirva para cualquier propósito o intención que tenga en mente, sólo que algunos serán más eficaces que otros. Lo que debes tener en cuenta es la vibración del cristal y la forma en que resuena con tu propio campo energético.

Capítulo 6: ¿Cómo Limpiar y Cargar los Cristales?

Una vez que hayas elegido las piedras y cristales específicos que pretendes utilizar para la terapia basándote en los métodos mencionados en el capítulo anterior, el siguiente paso es limpiarlos y cargarlos. Es necesario limpiar los cristales antes de poder utilizarlos. Al limpiarlos y cargarlos primero, puedes sacar el máximo provecho de ellos y sacar su potencial terapéutico ideal.

La Importancia de Limpiar los Cristales Terapéuticos

Los cristales terapéuticos pueden beneficiarte porque pueden mejorar varios aspectos de tu vida, pero antes de utilizarlos, debes recordar que las energías que emiten también se agotan. El problema es que cuando esas energías se agotan, existe la posibilidad de que las energías no deseadas y negativas las reemplacen.

Dicho esto, tienes que limpiar los cristales y las piedras que has elegido antes de empezar a utilizarlos. Incluso sería mucho mejor si también los cargas. Si te aseguras de que están completamente limpios y cargados, puedes evitar que se acumulen energías negativas en los cristales que hayas elegido y que puedan influir negativamente no sólo en ti sino también en los que te rodean. La limpieza también es crucial para asegurar que la energía se mantenga pura y positiva.

La limpieza consiste en deshacerse de todas las energías no deseadas que ha absorbido el cristal o la piedra, devolviéndole su forma limpia y pura. Es diferente de la carga de los cristales, que consiste en reponer su energía curativa después de su agotamiento. La limpieza, por lo tanto, debería ser lo primero antes de hacer la carga de los cristales.

Así que, básicamente, hay que limpiar y cargar las piedras y los cristales en estas situaciones:

• Después de comprarlos

• Antes y después de utilizarlos con propósitos terapéuticos

• Después de exponerlos a energías negativas - Por ejemplo, discusiones, caos y emociones fuertes

• Después de haber sido manipulados por otras personas

Formas de purificar y limpiar los cristales curativos

Como se ha mencionado previamente, la limpieza de los cristales es necesaria para restaurar su energía verdadera y su vibración. Lo bueno de la limpieza es que también ayuda a nutrir tu relación con los cristales que has elegido.

Sin embargo, cuando se trata de limpiar, debes recordar que no puedes esperar que todos los cristales tengan respuestas similares ante un método de limpieza en particular. También puedes encontrar algunas técnicas de recarga y limpieza que funcionan y son más adecuadas para un cristal en particular. Dicho esto, tienes que elegir un método basado en las piedras y los cristales que pretendes utilizar.

A continuación te presentamos un par de opciones de métodos de limpieza y los pasos básicos para utilizarlos:

Limpieza Con Luz Solar

Este método de limpieza es perfecto si busca un método natural pero potente. Sin embargo, debe evitar excederse, ya que puede producir resultados no deseados. Asegúrese de limitar la exposición al sol a un máximo de treinta minutos. Puedes utilizar este método de limpieza con cualquier piedra y cristal siempre que te atengas a la duración recomendada.

Si los expones al sol durante más de media hora, es probable que algunas piedras y cristales empiecen a desvanecerse, como la amatista, el aguamarina, el citrino, el cuarzo, el ópalo, el topacio, la fluorita, la turquesa y el zafiro.

El uso de la luz solar directa con la duración recomendada puede ayudar a que la luz pase a través de cada cristal y lo haga actuar como un papel de lija, o un peine. A continuación se indican los pasos habituales para realizar la limpieza con luz solar:

• Busca una zona al aire libre que reciba la luz del sol.

• Prepara este espacio poniendo propósitos sagrados, atención plena, incienso, velas y cualquier otra práctica ceremonial que te resulte atractiva.

• Una vez listo, coloca las piedras o cristales elegidos en el lugar designado. Deja que permanezcan allí un máximo de treinta minutos. Este tiempo debería ser suficiente para que se impregnen de las vibraciones sagradas de la luz. Durante este tiempo, intenta ser más consciente de las palabras que dices y de tus pensamientos. La razón es que el periodo de limpieza es el momento en el que también impartirás toda tu energía al cristal.

• Gire el/los cristal/es. No olvide girar el/los cristal/es que está limpiando durante la limpieza con luz solar. Esto es importante para garantizar que toda la superficie quede expuesta al sol de manera uniforme.

Limpieza con Luna Llena

Este método de limpieza es ideal siempre que sientas la necesidad de dar un impulso increíblemente intuitivo, psíquico y femenino a tus cristales que hayas elegido. La luna, más específicamente la luna llena, tiene una abundancia de energía divina femenina.

Teniendo esto en cuenta, limpiar y recargar los cristales bajo esta luz puede beneficiarte enormemente. Sin embargo, para que la limpieza sea más potente, lo mejor sería que hicieras una ceremonia completa que durara toda la noche. Esta ceremonia también podría incluir velas, tarot, lectura astrológica, incienso, una planta sagrada u otro ritual espiritual que te resulte agradable.

Para llevar a cabo este método de limpieza de cristales, debes seguir los siguientes pasos y consejos:

• Identifica el mejor momento para comenzar la limpieza de luna llena, así como el/los cristal/es que pretendes limpiar y recargar.

• Busca un lugar donde puedas colocar tu/s cristal/es. Puede ser una tela ceremonial, la hierba o sobre otros cristales, como por ejemplo los de Amatista. Asegúrate de proteger los cristales de la presencia de otros forasteros, de los animales y de las condiciones climáticas. También puedes optar por colocar los cristales dentro de una caja de cristal para evitar que se dañen durante la noche.

• Inicie la ceremonia. Para ello, coloca el/los cristal/es en su sitio específico. Realiza el ritual sagrado, como el tarot, si elegiste hacerlo. Después, deja que la luna llena bendiga los cristales con su poder dejándolos toda la noche.

• A la mañana siguiente, revisa los cristales ya limpios. Asegúrese de que no se hayan dañado ni ensuciado durante el proceso en el que los dejó durante la noche. Enjuáguelos ligeramente con agua pura.

Este método de limpieza es ideal para todas las piedras y cristales, aunque es especialmente potente cuando se utiliza para la selenita, el ópalo, la labradorita, la howlita y la piedra de luna. Hay que tomar medidas de precaución cuando se planea limpiar con este método piedras y cristales que pueden resultar dañados por la nieve o la lluvia. Algunos ejemplos son la selenita, la cianita, la halita y otras piedras blandas.

Limpieza con Agua Pura

También puedes limpiar los cristales con la ayuda de agua pura. Puedes utilizar agua limpia y pura para bañar los cristales que has elegido periódicamente. Es útil utilizar fuentes naturales de agua, como lagos, ríos, manantiales y arroyos, al hacer la limpieza.

Si no puedes encontrar la mejor fuente natural de agua para la limpieza, utiliza el agua que sale de tu grifo. Sin embargo, asegúrese de tomar medidas especiales para garantizar que el agua sea lo suficientemente pura y limpia, como filtrarla para eliminar los productos químicos no deseados.

Para realizar la limpieza real de los cristales utilizando agua pura, los siguientes pasos y consejos te pueden servir de mucha ayuda:

• Busca la mejor fuente de agua pura y limpia que puedas aprovechar para limpiar tus cristales.

• Vierta mucha de esta agua sobre los cristales. Simplemente báñelos dentro del agua de uno a cinco minutos. Este paso también requiere que se masajeen los cristales suavemente.

• Durante este tiempo, puedes recitar algunas oraciones y mantras. Asegúrate también de expresar tus propósitos positivos dentro de tu alma. Esto puede ayudar a transmitir la energía positiva necesaria para limpiar y recargar los cristales por completo.

- Utiliza una toalla hecha con fibras naturales para acariciar suavemente los cristales. Hazlo antes de devolverlos de nuevo a sus lugares sagrados o altares.

- Expresa tu gratitud por el trabajo realizado con los cristales.

Este método es muy recomendable para limpiar sólo los cristales duros, como el jade, la amatista, el cuarzo, el cristal de roca, el ónice, el ágata y la cornalina.

Limpieza con Agua Salada

También puedes hacer una limpieza con agua salada sobre tus cristales. Al igual que el agua pura, el agua salada es un poderoso medio de limpieza. Este método también es famoso por sus poderosas capacidades de recarga. Siempre que sea posible, busca una fuente de agua salada natural.

Así tendrá la seguridad de que el agua será muy buena y conservará sus propiedades energéticas naturales. Si no puede acceder a una fuente natural, puede utilizar simplemente agua pura y limpia e integrar en ella sal rosa del Himalaya o sal marina. También puedes aplicar la sal directamente a los cristales húmedos. Sólo asegúrate de evitar usar demasiada sal. Basta con una pizca en un recipiente con agua pura.

Aquí tienes unos sencillos pasos que te permitirán hacer la limpieza con agua salada para tus cristales:

- Vierte agua salada sobre tus cristales.

- Deja que los cristales se sumerjan en ella durante un rato. Déjalos allí durante unos minutos, con un máximo de cinco minutos. También puedes espolvorear sal sobre tus cristales y dejarlos durante unos minutos.

- Utiliza agua pura para enjuagar los cristales y después usa toallas de fibra natural para darles unas suaves caricias.

Al igual que la limpieza con agua pura, la limpieza con agua salada también puede funcionar bien para los cristales duros, como el cuarzo, el ágata, el cristal de roca, el ónice, la cornalina, el jade y la amatista.

Otras Formas de Limpiar los Cristales

Además de los métodos de limpieza mencionados, también puedes limpiar tus cristales haciendo lo siguiente:

- **Meditación o Visualización** – Puede hacerlo sentándose cómodamente en una habitación tranquila y silenciosa. Utiliza tu mano para sostener el/los cristal/es elegido/s y luego cierra los ojos. Deje que la serenidad y el silencio de la habitación lo envuelva. Visualice el cristal en su mente.

Imagina que hay una luz blanca brillante que viene de arriba y que se derrama y brilla sobre el cristal. Imagina que esta luz se lleva todas las energías negativas presentes en el cristal. Continúa haciendo este método hasta que tu intuición te diga que el cristal está limpio.

• **Purificación** – Puedes realizar este método de limpieza de cristales con la ayuda de cualquier hierba que se te ocurra. Sin embargo, la hierba más recomendada es la salvia, ya que ha demostrado su eficacia a la hora de limpiar los cristales. Para ello, enciende una varilla de salvia blanca y luego sopla sobre ella. Deberías poder formar una corriente continua de humo.

Sujeta y agita el cristal de manera que pueda seguir la estela del humo. Tu objetivo es permitir que el humo se eleve y se derrame sobre tu cristal. Hazlo durante unos cinco minutos o hasta que sientas que el cristal se ha limpiado con éxito.

• **Arroz Integral** – También puede utilizar el arroz integral para limpiar su/s cristal/es. Es útil para sacar la negatividad dentro de un entorno contenido y seguro. Este método funciona bien para las piedras protectoras, como la turmalina negra. Para realizar la limpieza, simplemente prepara un recipiente y llénalo de arroz integral.

Introduce la piedra o el cristal en él. Asegúrate de deshacerte del arroz integral después de hacer la limpieza, ya que habrá absorbido toda la energía, sobre todo la mala y negativa de la que pretendes deshacerte. Este proceso de limpieza suele durar hasta 24 horas.

• **Limpieza Por Sonido** – También puedes hacer la limpieza con la ayuda de sonidos. Este método te permite utilizar un tono o una tonalidad para limpiar o lavar un punto, creando una vibración, que es similar al tono o la tonalidad. Puedes lograr esto a través de cánticos, una bonita campana, un diapasón o un cuenco.

La curación y la limpieza con sonido son perfectas para los coleccionistas con numerosos cristales que no pueden mover fácilmente. La curación por sonido suele durar entre cinco y diez minutos y es compatible con cualquier piedra y cristal.

Cargar los Cristales

Una vez limpiado correctamente, es el momento de cargar tus piedras o cristales. Lo que debes hacer, en este caso, es poner las piedras o cristales sobre un trozo de cornalina o cuarzo transparente. También puede ser útil la luz del sol, ya que puede energizarlos. Pon el cristal al aire libre para que pueda ser limpiado y posteriormente cargado por el sol. También es posible cargarlos con la ayuda de la luz de la luna, que es conocida por tener una energía tenue. Esto es ideal si el sol te parece demasiado intenso para la piedra o el cristal que has elegido.

Otras formas de cargar tu cristal serían:

- **Con la Ayuda de Otros Cristales** – Esto significa direccionar otros cristales hacia la piedra o cristal específico que desea utilizar. Forme un círculo con algunos cristales, luego ponga el que desea cargar en el centro. Déjalo en el centro durante 24 horas.

- **Rodéalo Con Plantas** – También puedes enterrar el cristal en la tierra. Ambos métodos son ideales si prefieres cargar el cristal utilizando la energía de la Tierra. Sólo tienes que ponerlo en un jardín para que esté rodeado de plantas o enterrarlo literalmente en la tierra. Si te decides por este último, asegúrate de poner un indicador en la zona, para saber exactamente dónde lo has enterrado.

• **Usa tus propios pensamientos** – Esto significa dirigir tus pensamientos al cristal que quieres cargar. En este caso, puedes rezar, cantar, hacer una meditación enfocada o visualizar tus propósitos, ya que todas estas son formas efectivas de guiar no sólo tus pensamientos sino también tus intenciones hacia los cristales. Sólo asegúrate de tomarte tu tiempo cuando hagas esto. Ten en cuenta que cuanto más esfuerzo y tiempo dediques a dirigir tus pensamientos, mejor podrás cargar el cristal.

• **Haz un hechizo** – Otra forma de cargar el cristal es lanzar un hechizo mágico sobre él. Esta es una forma efectiva en la que los practicantes de la Wicca suelen cargar sus cristales con energía terapéutica.

También puedes hacer tu propio hechizo. Piensa en lo que quieres que haga el cristal. Por ejemplo, si tu objetivo es darle poder curativo, ponlo por escrito. Después, piensa en las cosas que tienes que decir que representen ese objetivo o propósito. Un ejemplo sería hacer un poema con rima que sirva de hechizo.

Una vez que tengas el hechizo, sólo tienes que decirlo en voz alta con tus manos sosteniendo el cristal. También puedes hacer este hechizo mientras tienes una ceremonia, como poner el cristal en un altar o encender velas.

Planificación y Activación de su Cristal

Después de limpiar y cargar su cristal, es el momento de programarlo para que trabaje para usted. Tenga en cuenta que, aunque los cristales poseen propiedades curativas naturales, es aconsejable que establezca una intención para el cristal o la piedra que ha elegido. Hacerlo te ayudará a conectar con su energía específica y a restablecer tu propósito.

Es posible que quieras sostener la piedra con la mano cada vez que medites, ya que hacerlo te puede reconfortar. También puedes ponerla sobre el chakra del tercer ojo. Otra solución es acostarse y dejar que la piedra descanse sobre el chakra o la zona del cuerpo a la que desea dirigirse.

A continuación, debe visualizar la energía de la piedra o el cristal fusionándose o combinándose con la suya. Háblele al cristal, en voz alta o en silencio, y pídale que le ayude a planear su cometido actual con éxito. Después, exprese su gratitud al cristal, especialmente por su presencia. A continuación, dedíquese a meditar durante varios minutos.

En caso de que la piedra o el cristal sientan que le falta su energía habitual, puede resultar muy beneficioso activar un poco esa energía. Una cosa que puedes hacer es prestar tu energía al cristal. Sólo tienes que hablarle o cantarle, o puedes utilizar tu aliento para enviarle energía vital.

Otra forma de hacerlo es crear una red de activación. Puedes hacerlo dejando que las contrapartes más energéticas de la piedra o el cristal la rodeen. En ese caso, tus mejores opciones para las contrapartes son el rubí, la cianita, la cornalina, la selenita y el cuarzo transparente.

Capítulo 7: ¿Cómo Utilizar los Cristales para la Terapia?

El presente capítulo te proporcionará información clara sobre cómo puedes utilizar específicamente los cristales que has elegido para la terapia. Recuerda que antes de utilizar los cristales, debes limpiarlos y cargarlos primero. Una vez que hayas completado ambos pasos basándote en las indicaciones del capítulo anterior, es hora de dar un buen uso a estos cristales.

Una cosa que hay que recordar es que todos los cristales son únicos, lo que significa que no hay que seguir una rutina específica o un conjunto de reglas a la hora de utilizarlos. Cada cristal también tiene sus propios beneficios que, de alguna manera, te dictarán cómo utilizarlo, cuidarlo y maximizar sus beneficios. También puedes maximizar el potencial y los efectos de cada cristal utilizando los enfoques adecuados para la limpieza, la carga, la colocación y el establecimiento de intenciones.

Accesorios de Cristal

Es innegable que el principal beneficio de los cristales es su capacidad para curarte física, mental, emocional y espiritualmente, pero tampoco es un secreto que estos cristales son realmente hermosos. Por ello, puedes aprovechar sus poderes terapéuticos llevando accesorios de cristales o decorando tu casa y tu oficina con ellos. Además de lucir muy bien, llevar y usar accesorios de cristal como decoración del hogar puede ayudar a garantizar que podrá guardar la energía positiva en su interior y alrededor de su casa.

Además, recuerde que la terapia con cristales depende en gran medida de mantener estables sus puntos de energía o sus chakras. Su cuerpo tiene siete chakras que comienzan desde la cabeza hasta la base de la columna vertebral. En este caso, puedes usar y llevar un accesorio para los chakras que puedes comprar en un sitio web autorizado o en una clínica de terapia con cristales. Esto puede ser de gran ayuda si quieres centrarte en un chakra o dolencia específica.

Los accesorios de cristal que puedes usar incluyen:

- **Cuentas de Oración** – Puedes llevar cuentas de oración hechas de cristales contra tu corazón. Hacerlo puede estimular todas las formas de emociones positivas, como la paz, la esperanza y el valor. Tener las cuentas de oración a tu alrededor también te permitirá llevar el poder y la energía de los cristales curativos contigo.

- **Joyería** – También puedes aprovechar el poder terapéutico de los cristales llevando piezas de joyería basadas en ellos. Además de curarte y de darte energía positiva, llevar sus piezas de joyería también te permite lucir la magnífica belleza de cada piedra.

- **Posavasos** – También puedes encontrar posavasos hechos con auténticos cristales y piedras preciosas. Puedes invertir en estas piezas y convertirlas en parte de tu hogar para aprovechar su poder curativo y su energía positiva. Por ejemplo, puedes comprar un posavasos de piedra de ágata y convertirlo para que forme parte de la decoración de tu casa. Esta piedra puede estimular la armonía y el equilibrio en tu hogar, a la vez que emite sólo energías buenas y positivas.

- **Botellas de Agua** – Las botellas de agua se utilizan cada vez más junto a los cristales. Estas botellas de agua vienen con una piedra preciosa en su interior. Invertir en estas botellas de agua con cristales puede favorecer la belleza, el equilibrio y el bienestar.

Usar cristales y decorar tu casa con ellos son formas realmente efectivas de aprovechar su energía. Ten en cuenta que podrás absorber sus vibraciones positivas y su poder terapéutico incluso mejor si los tocas con frecuencia.

La buena noticia es que hoy en día no es tan difícil llevar y utilizar cristales, ya que suelen estar integrados en diversos artículos: joyas, ropa, productos de belleza y decoración del hogar. Sólo tienes que elegir el método que más te convenga. Si no te gusta llevar accesorios y joyas de cristal, puedes poner uno o dos en tu bolso o bolsillo. Así podrá utilizarlo como piedra filosofal para sentirse conectado a la tierra durante todo el día.

Meditación con Cristales

Otra forma de utilizar las piedras y los cristales para la terapia es meditar con ellos. Esta es también una forma eficaz de conectar con los cristales que hayas elegido. Puedes aumentar la energía espiritual que puedes absorber meditando mientras sostienes el cristal. Al hacerlo, puedes conectarte con sus poderes metafísicos.

Para meditar con el cristal, empieza por sujetarlo con una o dos manos. Asegúrate de tener los ojos cerrados mientras te concentras en la respiración. A partir de aquí, puedes empezar a sentir que tu cuerpo se hunde profundamente en la tierra, lo que te proporcionará una sensación de conexión con la tierra. Una señal de que ya has conseguido ese efecto de enraizamiento es cuando te sientes ligero.

Recuerda que también habrá casos en los que no podrás sentir algo de forma inmediata. Esto puede deberse a que algunos cristales no reaccionan tan rápidamente con usted. También hay casos en los que sus efectos son tan intensos durante la meditación que pueden hacerte sentir la piel de gallina. Ten en cuenta que cada piedra y cristal tendrá un efecto diferente en ti, por lo que es aconsejable experimentar y tener paciencia cuando los utilices para meditar.

Cuadrícula de Cristal

También puedes crear una cuadrícula de cristales, que es otra forma eficaz de aprovechar al máximo el poder y la energía terapéutica de las piedras y los cristales. Este método requiere que dispongas y organices unos cuantos cristales para formar una cuadrícula geométrica sagrada. Esto ayuda a magnificar el poder de los cristales.

Si quieres utilizar los cristales con este enfoque, aquí tienes unos cuantos pasos que debes seguir para configurar tu cuadrícula de cristales:

- **Seleccione y Determine su Propósito** – Este debería ser el primer paso, ya que su propósito debe estar en el centro de la cuadrícula. Una vez que hayas elegido un propósito, escríbelo en un papel. Dobla el papel y ponlo en el centro de tu cuadrícula de cristal. También puedes seguir pensando en tu propósito mientras creas la cuadrícula.

- **Selecciona tus Piedras y Cristales** – Ahora, es el momento de elegir los cristales y piedras que incluirás en la cuadrícula. Tu objetivo es elegir cristales con frecuencias únicas que puedan aportar una energía determinada a tu propósito. Dedica tiempo a investigar las piedras y los cristales que se ajustan y favorecen el propósito que has establecido. También puedes usar tu intuición a la hora de elegir los cristales.

• **Escoge una Figura de Geometría Sagrada** – Ten en cuenta que las distintas figuras de geometría sagrada también tienen distintos significados. Dicho esto, debes decidir o elegir una forma que te resulte llamativa. Puede ser una espiral, una semilla de vida, un círculo, una rueda medicinal, un bucle infinito o un laberinto. Puedes elegir imprimir la forma o dibujarla. También puedes comprar una tela que tenga tu forma preferida como impresión.

• **Crea la Cuadrícula de Cristales** – Con tu propósito en mente o por escrito, empieza a colocar las piedras y los cristales que pretendes utilizar en la cuadrícula. Asegúrate de empezar por la parte exterior de la forma, y luego trabaja hacia dentro. Continúa pensando en tu propósito mientras colocas los cristales de forma consciente.

Coloca el último cristal en el centro de la cuadrícula. Este debería ser tu principal cristal. Una vez colocado, puedes conectar y accionar la cuadrícula. En este caso, conecta los puntos metafóricamente utilizando cuarzo transparente. Empieza por el exterior y trabaja hacia el interior.

También puedes utilizar telas de cuadrícula si todavía eres un principiante en las cuadrículas de cristal, o si te parecen complicados algunos patrones. Con la ayuda de esta cuadrícula de cristales, puedes manifestar, fijar un propósito y maximizar la energía positiva y el poder terapéutico de tus cristales.

Coloca los Cristales en el Cuerpo

Otra forma de aprovechar los cristales es ponerlos sobre tu cuerpo. Este método tiene un resultado completamente diferente al que se obtiene cuando sólo se sostienen los cristales. Si deseas tratar un determinado chakra, elige una piedra o un cristal que se corresponda a este y colócalo en la parte específica de tu cuerpo donde se encuentra dicho chakra. Esto puede ayudar a avivar la energía que rodea al chakra, al tiempo que eleva los sentimientos y emociones necesarios para la curación.

También puedes buscar la ayuda de un terapeuta de cristales con experiencia para que te ponga las piedras y los cristales en el cuerpo. Un buen terapeuta ya conoce los diferentes métodos y estrategias para maximizar el poder terapéutico de los cristales en el cuerpo. Si eliges trabajar con un terapeuta de cristales, espera que la sesión de terapia con cristales implique que te acuestes en una mesa mientras el terapeuta pone piedras o cristales en ciertas partes de tu cuerpo. Esto se hace para permitir que la energía positiva y la terapia fluyan hacia esa parte específica del cuerpo.

En la mayoría de los casos, el terapeuta elegido pondrá el cristal en una parte del cuerpo que sufra una enfermedad, y luego utilizará una piedra o cristal que ayude a aliviar o curar el síntoma. Por ejemplo, si se queja de dolores de cabeza frecuentes, el terapeuta probablemente pondrá una piedra o cristal capaz de aliviar la tensión alrededor y en la frente.

Deslizar los Cristales

El terapeuta también puede pasar los cristales que ha elegido por su cuerpo. En ese caso, puede utilizar un péndulo que tiene el cristal en el extremo y lo hace girar suavemente sobre su cuerpo. Esta técnica particular de terapia con cristales es el método perfecto si su finalidad es eliminar un desequilibrio energético en su cuerpo.

En la mayoría de los casos, el terapeuta empezará a balancear el péndulo suavemente a la altura de los pies. Continuará haciéndolo hasta que se forme una oscilación estable y uniformemente equilibrada en ambos sitios. Después de eso, espera que el péndulo se mueva hacia arriba gradualmente sobre su cuerpo mientras mantiene un patrón de oscilación similar. Cada vez que la oscilación se descontrole, el terapeuta permanecerá en esa parte del cuerpo hasta que se neutralice de nuevo.

Otras Formas de Sanar A Través de los Cristales

Aparte de los métodos de sanación con cristales ya mencionados, también puedes aprovechar el poder curativo de los cristales haciéndolos parte de tu rutina. Puedes hacerlo con la ayuda de estos consejos:

- **Crea un Altar con Cristales** – Si tienes un altar en casa, quizá quieras aumentar aún más su energía terrestre añadiéndole cristales. Tu altar debe servir como un lugar específico destinado a la apreciación, la conexión y la gratitud.

  Puede ser simplemente una pequeña mesa que contenga objetos simbólicos y sagrados, entre los que se encuentran los cristales. Asegúrate de que los cristales que pongas allí sean sólo aquellos que fomenten en ti sentimientos positivos y buenos recuerdos.

- **Incluye Cristales en tu Sesión de Yoga** – Pon unos cuantos cristales en tu alfombra de yoga antes de empezar cada sesión. Al hacerlo, puedes crear un espacio tranquilo y pacífico que te inspirará y dará energía durante tu sesión de yoga. Incluso es posible que pongas uno o dos cristales en tu cuerpo cuando realices las posturas de yoga.

• **Haz una Inversión en la Decoración de tu Casa con Cristales** – También puedes llenar tu casa con el poder terapéutico y la energía de los cristales añadiendo decoraciones a partir de cristales.

Los cristales grandes pueden ser bastante caros, pero también son piezas atractivas capaces de cambiar la energía de tu hogar. Sin embargo, si no quieres gastar demasiado dinero en una piedra grande, entonces siempre puedes optar por un grupo de cristales más pequeños.

• **Usa Cristales en tu Baño** – También puedes aprovechar el tiempo que pasas en la ducha o en la bañera colocando unos cuantos cristales en el agua que estás usando.

Sin embargo, recuerda que no puedes esperar que todos los cristales funcionen bien en el agua, así que averigua primero si el que piensas usar es seguro para entrar en contacto con el agua. Si quieres desintoxicarte, puedes utilizar shungita y añadirla a tu baño. Por otro lado, el cuarzo rosa es una gran adición a tu baño si quieres alimentar el amor propio.

Existen varias maneras de utilizar los cristales para efectuar una terapia. Si es posible, hazlos parte de tu rutina diaria para que puedas experimentar los beneficios de los cristales de forma regular.

Conclusión

El uso de los cristales terapéuticos puede ser confuso y abrumador para los principiantes, pero con la guía adecuada, podrá dominar todo el proceso. Afortunadamente, has obtenido toda la información que necesitas para empezar a aprovechar las ventajas de la cristaloterapia. Lo más importante que debes recordar es que necesitas establecer un propósito adecuado y alinearlo correctamente con los cristales que estás utilizando.

Además, en lugar de ver los cristales curativos como objetos, debes verlos como seres vivos capaces de vibrar sus frecuencias únicas. Con esto en mente, deberías centrarte en construir una fuerte relación con ellos. Atiéndelos, límpialos, cárgalos y cuídalos. De esta manera, también puedes esperar que los cristales que elijas te sirvan al máximo.

Espero que hayas disfrutado aprendiendo sobre los increíbles poderes curativos de los cristales. Te deseo la mejor de las suertes en tu viaje espiritual.